I0790282

Témoignage et résistance

Brice Levy Koumba Lamby

Témoignage et résistance

Résumé

Le présent travail étudie les récits de quatre témoins directs de l'assaut du 31 août au 1er septembre 2016 à Libreville au Gabon. Il procède à la collecte des témoignages à partir de supports audiovisuels tels qu'ils ont été mis en ligne aux lendemains de l'assaut. La présente étude analyse le contenu des récits et essaie de trouver le sens de tels actes : ceux de témoigner et de résister.

« *Le témoignage se définit primitivement comme un compte rendu rétrospectif d'événements avec lesquels le locuteur a entretenu une relation perceptuelle directe et dont il se souvient* » (Pirlot, 2007, p. 2).

Dans le cadre des sciences humaines, le témoignage est un mode d'investigation des conduites humaines et des processus sociaux (Pirlot, 2007 : 7). Il permet de comprendre les acteurs dans leurs vécus et dans leur agir. « *On peut dire du témoignage qu'il est un récit assumé et adressé dont l'authenticité est attestée par la présence du narrateur à l'événement raconté* » (Coquio, 2003 : 350).

La résistance quant à elle est une expérience collective de même qu'un apprentissage social. Elle intervient comme la conséquence d'un événement dateur violent et catastrophique. Cet événement dateur provoque une prise de conscience qui marque la volonté d'intervenir dans les destinées du pays (Wieviorka, 1989 : 111). L'événement dateur pousse à agir et à inventer de modèles originaux d'organisation.

I. Contexte et intérêt du sujet

1. Événement dateur

Mercredi 31 août 2016, sur le boulevard Triomphal de Libreville, à la tombée du jour. L'Assemblée nationale, ravagée par un incendie, laisse échapper d'amples volutes de fumée. Quatre jours après le scrutin, la victoire d'Ali Bongo Ondimba vient d'être annoncée par la Commission électorale nationale autonome et permanente (Cenap), à quelque 5 000 voix d'écart par rapport à son principal rival, Jean Ping. Sans attendre, des manifestants descendent dans les rues pour protester contre une élection qu'ils considèrent comme truquée ; alors que l'opposition était en tête avec 60 000 voix d'avance et un taux de participation de 48 % dans l'ensemble du pays, la province du Haut-Ogooué aurait, à la dernière minute, apporté la victoire au Président sortant, grâce à un taux de participation de 99 %, dont 95 % des voix en faveur d'Ali Bongo. Dans la nuit du 31 août au 1er septembre, les forces de l'ordre répriment violemment la contestation, entraînant plusieurs morts (Aterianus-Owanga, Debain, 2016, p. 157).

Dans la nuit du 31 août, le quartier général des opposants, où s'étaient abrités de nombreux manifestants, est cerné par hélicoptères et pris d'assaut par des militaires, au moyen de bombes lacrymogènes et d'armes lourdes, faisant plusieurs victimes. Par la suite, 26 opposants sont séquestrés durant 36 heures, de nombreux blessés sont emmenés dans les hôpitaux, des dépouilles conduites dans les morgues, et les familles partent à la recherche des disparus. En trois jours, 1 000 personnes sont arrêtées par les autorités et emmenées dans des commissariats de la capitale (Aterianus-Owanga, Debain, 2016, p. 174).

2. *Construction d'une mémoire collective*

Il apparaît utile que plus le temps passe, plus il est nécessaire de revenir sur l'événement tragique de sorte à le graver dans les mémoires. Ainsi, la présente étude participe-t-elle de la construction d'une mémoire collective (Pirlot, 2 007) et même d'un devoir de mémoire (Levi, 2 000). Relativement à l'assaut du 31 août 2016 au Gabon, l'étude constitue un travail critique consacré au discours testimonial et même testamentaire (Coquio, 2 003).

II. Cadre théorique

Cette étude a pour présupposé philosophique l'approche transactionnelle. Cette dernière part du principe que tout est connecté. Une action est toujours déjà interconnectée. De par cette interconnectivité, « *le comportement de chaque chose est modifié par sa connexion avec d'autres* » (Dewey, 2015 : 103).

Dans ce contexte, le comportement demeure également modifié par une estimation de la valeur des fins à atteindre. La valeur est ce qui sert en vue d'une fin.

Selon John Dewey, une chose a de la valeur en fonction de l'énergie qu'on lui consacre. « *Sur le plan empirique, la valeur qu'une personne attache à une fin donnée ne se mesure pas à ce qu'elle dit de sa préciosité, mais au soin qu'elle met à obtenir et à utiliser les moyens sans lesquels cette fin ne peut être atteinte* » (Dewey, 2011 : 108-109).

En fonction de la *fin-en-vue,* émerge une organisation, c'est-à-dire une coordination d'activités. Les valeurs découlent de la situation problématique. Elles sont les solutions pragmatiques éprouvées utilisées en vue de la production de la jouissance. Toute résolution de problème passe par la reconstitution de la situation problématique au moyen de l'enquête.

L'enquête problématise : fait découvrir ce que sont le ou les problèmes qu'une situation problématique pose. Ensuite, évalue : fait ressortir le processus d'adoption des valeurs c'est-à-dire une attitude de désir et d'intérêt développée pour l'apparition d'une condition dont on consacre l'énergie en vue de la faire advenir.

Le désir désigne l'attitude comportementale émergeant lorsque quelque chose nous éloigne de ce que nous chérissons. L'intérêt renvoie à une séquence organisée d'opérations devant reconfigurer un état de choses (Renault, 2011 : 251). La prise de plaisir est la conséquence de cette reconfiguration, du retournement de la condition troublée. Le désirable émerge de la situation et de la transaction dans lesquelles se trouvent engagés les acteurs. Par exemple dans une situation catastrophique de type 31 août 2016 au Gabon.

L'analyse transactionnelle de Dewey, met en avant comme processus de résolution des problèmes le dialogue, la communication, le débat.

Puisque tout est connecté. « *Par le dialogue les individus sont amenés à expérimenter des registres d'action, des perspectives, qui leur seraient autrement demeurées étrangères et qu'ils n'auraient pas pu convoquer dans le cours du processus de valuation. Cette mise en perspective nourrit ainsi l'imaginaire en tant que projection vers des futurs potentiels* » (Renault, 2011 : 253).

L'analyse transactionnelle débouche vers la démocratie entendue comme « *une méthode pour résoudre des problèmes concrets qui mettent en jeu ce à quoi nous tenons collectivement dans le cadre de situations problématiques* » (Renault, 2011 : 253).

Outre l'analyse transactionnelle, nous reposons également notre étude sur une anthropologie des sens selon laquelle la perception détermine le sens. Conformément à cela, « *le monde est l'émanation d'un corps qui le traduit continuellement en termes de perceptions et de significations* » (Breton, 2014 : 22).

L'anthropologie des sens est aussi une anthropologie des émotions qui nous offre de saisir qu'un témoignage est le fruit d'une émotion. « *L'individu interprète les situations à travers son système de connaissance et de valeurs et déploie une affectivité en conséquence* ». « *La signification conférée à l'événement fonde l'émotion ressentie* » (Breton, 2014 : 24).

Cette émotion peut être la source dynamique de la résistance.

III. Méthodologie

Après une transcription des témoignages[1] à l'aide de l'application Otranscribe[2], nous les faisons passer en un texte unique dans l'extracteur Voyant Tool[3]. Celui-ci opère une analyse automatique du récit.

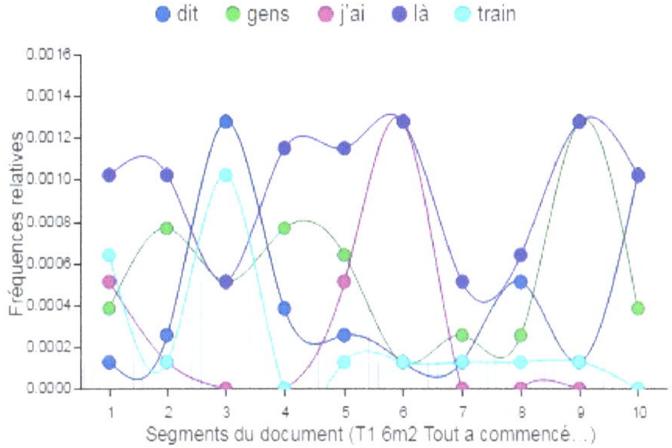

De par l'analyse, nous avons un découpage du contenu en dix segments. Les témoignages sont

---

[1] Pour une meilleure compréhension de l'analyse, lire si possible au préalable le chapitre IX intitulé Corpus de base : le récit des témoins. Les témoignages sont identifiés ici de la façon suivante : T1, T2, T3 et T4.

[2] https://otranscribe.com/. Transcription de textes.

[3] https://voyant-tools.org/. Analyse automatique des textes.

rendus ainsi sous une forme graphique. L'axe des catégories montre le déroulement des événements dans le temps. Et de l'autre, nous avons la fréquence des mots employés pour relater les événements dans l'axe des ordonnées.

Partant des récits des témoins de l'attaque du QG la nuit du 31 août au 1er septembre 2016, sur le graphe obtenu, les segments de 1 à 3 correspondent au début de l'assaut entre 22 heures et 24 heures. Les segments allant de 3 à 8 correspondent à la période située entre minuit et l'aube. Les segments envisagés de 8 à 10 se rapportent aux événements du jour en partant du petit matin.

Cinq catégories émergent de l'ensemble des témoignages. Ces catégories sont identifiées à partir des mots ou expressions : « dit » (discours, bruit), « gens » (monde, personnes), « j'ai » (subjectivation, référence au je), « là » (indicateur de lieu), « train » (processus, déroulement).

En considérant ces catégories, nous avons ici le récit de ce qui s'est passé la nuit du 31 août au 1er septembre 2016.

Comme catégorie, le mot « train » renvoie à l'expression « en train de ». Il exprime l'action en cours. Il nous indique que l'offensive connaît son pic aux alentours de minuit et deux heures pour tendre vers une certaine accalmie jusqu'à l'aube.

La catégorie de « gens » parle du monde présent. Nous observons une symétrie entre le monde quelque temps avant l'assaut puis quelque temps après, avec une disparition progressive du monde durant la nuit pour ressurgir en plus grand nombre à partir de l'aube.

La catégorie du « dit » suit aussi à peu près le même parcours. Il y a un tollé du « dit » dont le pic correspond au pic de l'assaut. Vu ainsi, ce « dit » peut équivaloir à des cris. Puis, on parle moins ou on crie plus. Le « dit » reprend au petit matin pour se confondre avec le « là ».

La catégorie du « là » désigne le lieu où se passe l'action ou en référence duquel l'action est relatée. L'adverbe « là » indique le lieu. Il exprime de même la présence, au sens où le témoin dit : « j'étais là, je suis là ».

Aussi, pendant que nous notons une disparition du monde durant la nuit, nous remarquons une prédominance du « je ». Ce qui correspond à un isolement des individus devenus discrets là où ils sont à l'abri jusqu'au petit matin. Au petit matin, le monde dispersé est à nouveau regroupé.

Nous notons ainsi trois moments forts identifiables à travers ce que nous appelons ici pics. Le pic de minuit (2,3,4), le pic de la nuit (4,6,7) et le pic de l'aube (8,9,10).

Le pic de minuit est aussi le pic du discours. Celui de la nuit équivaut au pic de la subjectivation. Le pic de l'aube correspond au pic de la *gentilité*[4].

---

[4] Ou du regroupement et de l'arrestation des gens.

IV. Temps de la tuerie

1. Perception visuelle

La notion de pic nous amène à émettre l'hypothèse suivante :

Il y a une équivalence entre perception et énonciation.

Le témoignage est relaté d'après le primat d'un sens. D'abord par le sens de la vue. Comme nous pouvons le remarquer dans le graphique ci-dessous correspondant au T1.

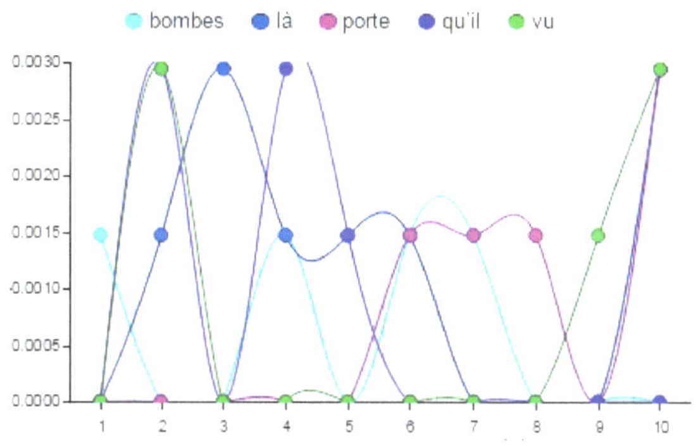

T1

Dans le T1 intéressons-nous au parcours du regard.

Nous observons une prédominance du regard autour de minuit ainsi qu'autour du petit matin. Avant minuit et après le petit matin, le regard prédomine.

Durant la nuit (3,4,5,6,7,8) la fréquence du regard est proche de zéro. Cela nous suggère l'idée d'un aveuglement aux événements, d'une rétention du souffle voir même d'un arrêt cardiaque.

Nous notons également une relation du regard au lieu. Cela signifie que le témoin ne décrit que ce qu'il voit à partir de là où il se trouve.

La relation au regard nous dit que le témoin est-là. Il est bel et bien là. Le regard authentifie son témoignage et sa présence sur les lieux. Pourtant, en même temps, la courbe du témoignage, à partir du regard, nous le montre absent, disparu.

Cette disparition du regard qui du coup semble être la disparition du témoin, intéresse à plus d'un titre. Elle donne un renseignement exact sur la durée réelle de l'assaut.

L'aveuglement du témoin correspond à la traversée de la nuit sous les bombes. En effet, le bombardement demeure constant entre minuit et le petit matin.

La disparition du témoin exprime son isolément. Isolément au sens où ce dernier est occupé à survivre. Il est ainsi coupé de la réalité. Occupé qu'il est à vivre, à trouver un abri et à demeurer caché.

La disparition du regard renseigne de manière générale sur le temps de la disparition : le temps de la mort donnée et de l'annulation des preuves de la mort. C'est le temps de la tuerie.

2. *Relais des sens*

Pourtant, si le témoin disparaît au cours de la nuit, il n'en demeure pas moins que son témoignage devient plus vif.

Le témoin est toujours là, il continue à renseigner sur les événements. Il parle de ce que font les assaillants dépersonnalisés. Le témoin les appelle « ils » ou les « gens là ». « Gens » renvoyant donc aussi bien à la fois aux personnes qui tuent qu'aux personnes qui fuient.

Le témoignage n'est plus pris en charge par le regard mais par la catégorie du « là ». Le « là » renvoie à l'univers de référence du témoin. L'univers à partir duquel il parle. Il y a une centralisation du témoignage ou du point de repère. Le témoignage part de la périphérie au centre : la rue adjacente au QG de Jean Ping, la terrasse, le mur, le portail, la cour, le bâtiment, les étages, les salles, le corps.

Le corps du témoin. Le centre, l'univers de référence du témoin c'est son corps. Quand il dit « là », il indique l'endroit où se trouve son corps ou ce qu'il perçoit à partir de celui-ci.

Lorsque le regard s'estompe, il y a une prédominance du « là ». Donc une prédominance du corps en tant que centre de perception et du relais des sens. Ce qui n'est pas vu, est entendu. Il y a un passage du visuel à l'auditif et même à l'olfactif.

La catégorie qui symbolise ce relais des sens, ce passage d'un sens à un autre, c'est la catégorie de la « porte ». On voit ce qui s'y passe, on entend ce qui s'y passe.

La porte est certainement le lieu de l'encombrement des corps devenus cadavres. Puisque la nuit est marquée par l'insistance accordée à l'évocation de la porte. La porte fait sens. C'est à ce niveau que le témoin souhaite que l'on porte le regard.

Lorsque le témoin ne perçoit plus les choses avec ses yeux, il les perçoit avec ses oreilles. Ceci confirme la thèse de l'isolement. La thèse du témoin isolé ou du témoin caché.

Présence, éparpillement, disparition, isolement, relais des sens structurent le comportement du témoin, ses mouvements au sein de la catastrophe, au cœur du moment tragique.

On est d'abord rassemblé, en termes de présence, autour du feu. Puis, bombardement. Il s'ensuit un éparpillement. « *C'est là que les bombes lacrymogènes commencent. Tout le monde s'éparpille* »[5].

L'éparpillement amorce la disparition. La disparition des compagnons, la disparition des corps. « *J'ai perdu six... Trois de mes frères et trois de mes collègues de travail. Toute la soirée jusqu'à aujourd'hui je ne les ai jamais revus* »[6]. « *Il y a une voiture comme l'ambulance qui est venue. Elle a pris les corps* »[7].

---

[5] T1.

[6] T1.

[7] T2.

V. Témoignage intégral

1. Contre témoignage

On fait disparaître les corps que l'on transporte vers des destinations inconnues. Néanmoins, s'il y a eu disparition des corps, celle-ci est niée. Notamment par les autorités gabonaises. D'après elles, s'il y a vraiment eu disparition, cela aurait dû faire l'objet d'une réelle préoccupation générale. Nonobstant que l'on compte quelque trois cents personnes ayant des soucis avec la justice pour *« avoir été des casseurs »* (Archives d'Afrique, 2018, 0 h 46).

Selon Pacôme Moubelet Boubeya[8], pour qu'une personne soit considérée comme disparue, il faut connaître son nom, les noms de ses parents ainsi que ceux de ses amis.

Pacôme Moubelet Boubeya interpelle les Gabonais de la façon suivante : *« Voyez-vous, lorsqu'un Gabonais meurt, nous tous sommes plus ou moins impliqués par des liens de parenté ou d'alliance »* (Gabon dailynews, 2017, 27 : 41-51).

---

[8] Ministre de l'intérieur.

C'est comme si l'on voulait mettre l'accent sur l'alliance tout en suggérant de manière subliminale silence et menace. Distillant ainsi l'idée d'une implication générale.

Il faut passer l'éponge sur cette affaire, tourner la page car chacun a au moins un parent mouillé, chacun est plus ou moins impliqué.

Alliance et implication nécessitent un déni de la réalité et surtout un accord tacite. Avouer l'existence des disparus, c'est consentir à l'acte qui les a fait disparaître. Et parler au nom de l'autorité, en tant qu'institution et surtout en tant que vainqueur, c'est dire d'une certaine manière la vérité.

Le vainqueur est le maître de la vérité. Il fabrique l'histoire des vainqueurs dans laquelle le vaincu a toujours tort. Comme l'explique Primo Levi, « *le vainqueur, de toute façon, est aussi le maître de la vérité, il peut la manipuler comme bon lui semble* » (Levi, 1989 : 13).

C'est sans compter avec l'idée du témoignage intégral.

2. Témoignage absolu

Le témoignage intégral est une notion qui définit de manière authentique qu'un événement de type catastrophique a bel et bien eu lieu.

En faisant disparaître les corps, on pense effacer les preuves. Mais on établit là l'acte de témoignage par excellence.

En effet, il n'y a pas meilleur témoignage que la disparition même. En ce que « *le témoignage ultime est la disparition* » (Coquio, 2003 : 350).

On pense faire disparaître les corps de sorte à dissimuler la violence. La disparition des corps vise à discréditer le témoignage des victimes. Parce qu'il n'y a pas de corps, il n'y a pas atteinte à la vie. Du coup, l'événement catastrophique n'a pas eu lieu.

Pourtant, la disparition le révèle de façon absolue. La disparition est le témoignage même, le témoignage dans sa manifestation intégrale. Elle authentifie le discours des victimes qui disent qu'il y a eu crime.

La disparition des corps a certainement pour fonction la négation de la violence totalitaire. Ce faisant, cette disparition est la révélation même de cela que l'on veut nier, effacer.

La disparition des corps dit qu'il y a eu acte violent portant atteinte à la vie. La disparition des corps est l'authentification intégrale de ce que l'assaut du quartier général de Jean Ping a bel et bien eu lieu avec la volonté manifeste de faire disparaître la vie.

Il y a eu catastrophe: un événement de type non guerrier « *mais totalitaire ou génocidaire, résultant d'une violence politique à la fois totale et insensée, visant la destruction de toute vie individuelle ou l'extermination définitive d'une collectivité* » (Coquio, 2003 : 343).

La volonté totalitaire d'anéantissement dans les témoignages relatifs au 31 août 2016, se voit au moment où l'on transporte les personnes dans les lieux de rétention : « *On était une affaire de deux milles comme ça entassés. Il y a deux cars qui sont venus. Ils sont venus avec deux cars. Ils ont pris les femmes. Elles étaient pleins ! Elles ont rempli les cars avec quelques hommes* »[9].

On a ici l'information que l'assaut a visé principalement les hommes avec la volonté radicale de les anéantir. Au moment de quitter les lieux du désastre, il n'en reste que quelques-uns comparativement au nombre de femmes.

Ceux qui restent, hommes et femmes, témoignent avec la volonté d'authentifier les faits et de révéler la vérité. Même les disparus apportent leur contribution au fait de témoigner.

---

[9] T2.

Comme l'entrevoit Primo Levi, l'absence est la révélation même de la vérité, l'incarnation de celle-ci. Ceux qui manquent à l'appel, ceux qu'on ne revoit plus jamais, révèlent l'ampleur du désastre. Ils sont l'expression de « *la destruction menée à son terme, l'œuvre accomplie* » (Levi, 1989 : 83).

3. Don du sang

La destruction menée à son terme se voit dans le témoignage au sujet de la mort de Simon Kondé. Un homme mort d'une blessure au pied. Il est transporté par Oyono Bogota Bernard. Ce dernier ignore qu'il est lui-même blessé par balles.
Le récit au sujet de ces deux hommes montre comment la douleur s'estompe au profit de la bravoure et du discours.

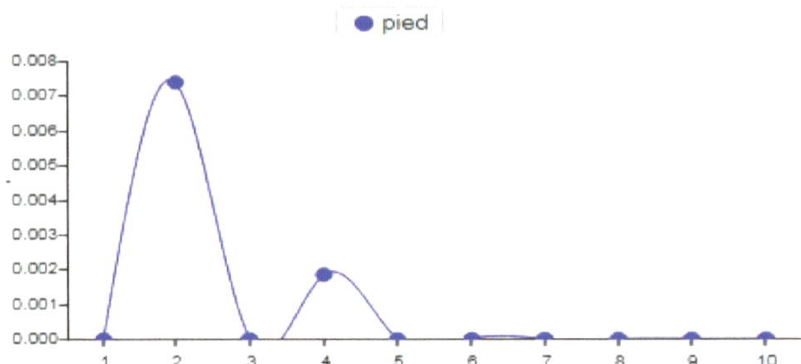

La douleur est minimisée pour donner vie au discours dans lequel se trouve contenu le sens de perdre la vie dans un tel contexte.

Pendant que l'on note une diminution de la douleur, la courbe du dire prend de l'ampleur. Simon Kondé oublie la douleur : « - *Tu sais que même si on t'amène à l'hôpital, tu ne pourras plus récupérer ton pied ? - Oui ma sœur - Tu as mal ? - Seulement au pied* ».

Par l'adverbe seulement, Kondé indique là où il a mal. Mais il fait plus que cela : il minimise la douleur. Au même moment, il consacre sa force au discours, à l'expression de ce qui peut être considéré comme étant sa dernière volonté. C'est ce que l'on observe sur le diagramme suivant comparativement au précédent.

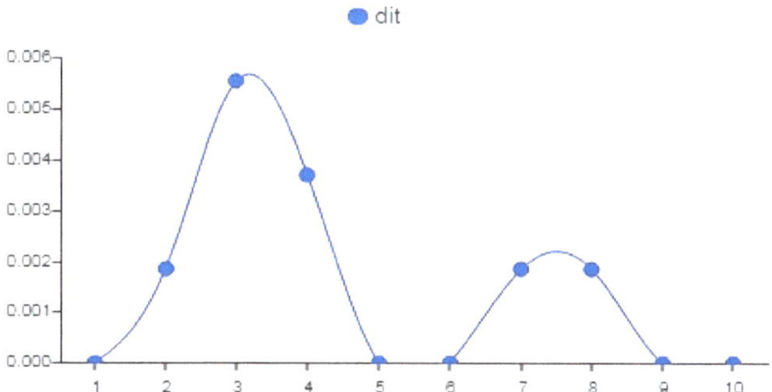

Le dire se superpose à la douleur. Ensuite, il se raréfie pour enfin s'estomper.

C'est que, en même temps, privé de soins, Kondé perd beaucoup de sang. Il finit par perdre la vie. La douleur est forte. Toutefois, elle ne surpasse pas la force du message que Kondé livre avant de partir :

« C'est pour le pays. Au moins mon enfant saura que si je meurs, son père ne sera pas mort pour rien. On a fait tout ça pour notre famille. Pour nos neveux et pour nos enfants ».

La mort de Kondé est pour ainsi dire un don du sang. Ce don du sang équivaut à l'énergie nécessaire aux femmes, aux neveux et aux enfants pour continuer la lutte.

À la question de savoir s'il a mal, Kondé répond : *« Je perds beaucoup de sang »*. La narratrice qui prend en charge le témoignage de sa mort, reprend à son compte cet adverbe « beaucoup » mettant ainsi un rapport d'équivalence entre la quantité de sang versée et la quantité de bravoure nécessaire à la poursuite de l'œuvre à accomplir, à la poursuite de la lutte.

> Quand nous sommes arrivés à l'hôpital, j'ai pu placer quand même Simon la perfusion. [...] Simon n'a plus fait cinq minutes. Il est parti. Mais ce que je retiens c'est que, Simon même lorsqu'il

partait, il était fier. Il était fier parce qu'il ne l'a pas fait pour rien. Et quand je viens, j'apprends que vous êtes des enfants adoptifs, vous avez dit que vous n'êtes même pas d'origine gabonaise. Mais il n'a pas vu cette nationalité-là. Il n'a pas vu cette différence. Il s'est donné pour le pays qui l'a accueilli. Faut pas baisser les bras. Faut pas baisser les bras. Je vous demande seulement d'avoir beaucoup de courage. Parce que si vous restez assises à la maison, nous, on a besoin de femmes. On a besoin de femmes pour continuer à lutter. Si vous restez à la maison vous allez enterrer le projet de Simon. Mais si vous vous levez, vous allez continuer le combat de Simon. Surtout pour son neveu ou pour son fils. Il n'a pas hésité d'aller donner sa vie.[10]

---

[10] T4.

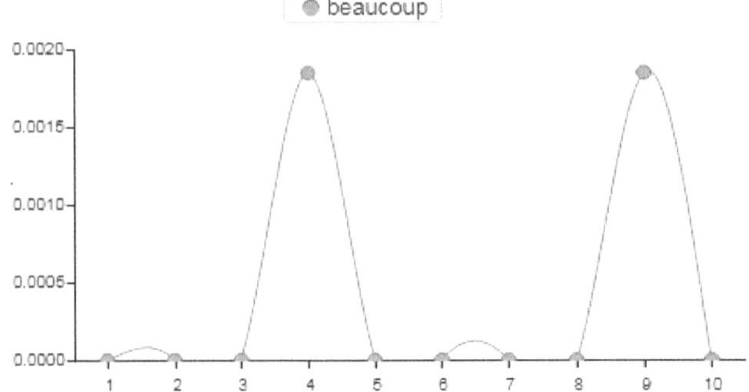

Le diagramme ci-dessus exprime la manifestation de l'adverbe « beaucoup » sur les segments relatant le récit de Kondé.

On note une équivalence entre la perte de sang et la transmission du courage, entre perdre beaucoup de sang et communiquer beaucoup de force. Cette force est l'énergie même de ce à quoi appelle le récit de Kondé pour donner sens à sa mort : la résistance.

D'après ce récit, la résistance consiste à se lever afin de poursuivre l'œuvre commencée en reconnaissance au sang versé. En reconnaissance et devoir pour la patrie qui nous a vus naître ou qui nous a adoptés. Ici émerge une modalité du témoignage en lien avec la transmission de la dernière volonté et avec la communication de la volonté de résistance.

VI. Modalités de la résistance

Le témoignage porte les actes et le vécu. Ces actes et ce vécu sont les germes de la résistance.

Les témoignages des survivants de l'assaut du 31 août 2016 nous montrent la résistance comme le fait de tenir tête contre l'autoritarisme et comme le fait d'exprimer sa propre volonté.

Dans la réalité qu'est la résistance, il y a l'idée de supporter. Supporter dans l'optique de tenir bon jusqu'au bout.

La résistance renvoie aussi au fait de se lever, de continuer le combat, de faire tout ce qui est en son pouvoir pour transformer favorablement les choses de même que tout ce qui est de son ressort pour préserver la vie.

Cinq modalités de la résistance ressortent de l'étude du corpus de base à savoir :
1. Prendre la direction des choses.
2. *Avoir la bouche.*
3. Mettre la pression.
4. S'organiser.
5. Préserver les valeurs.

1. Prendre la direction des choses

Prendre en main la direction des choses consiste à faire par soi-même ce qui devrait être fait par l'État non pas dans le but de se substituer à lui mais afin de survivre. Cet impératif d'initiatives se voit notamment dans T4 lorsque la narratrice demande aux gendarmes de se dépêcher en vue d'arriver dans les temps à l'hôpital. Prendre l'initiative des choses s'illustre également lorsque la narratrice de T4 administre les soins elle-même au blessé : *« quand nous sommes arrivés à l'hôpital, j'ai pu placer quand même Simon la perfusion »*[11]...
Résister intime d'agir dans un contexte défavorable. C'est comme qui dirait agir pour survivre.

2. Avoir la bouche

Résister se rapproche mêmement d'une attitude d'affront assimilable à ce que l'on peut appeler *avoir la bouche*. C'est la conduite du faible qui n'a que la bouche pour parler afin de tenir tête au fort. Cette attitude d'affront se manifeste dans T3 lorsque le témoin menacé de mort dit à l'assaillant : *« Ben allez-y ! »*.

---

[11] On émet l'hypothèse ici des blessés abandonnés à leur sort.

Avoir la bouche est une expression gabonaise. Elle désigne un comportement irrespectueux envers l'autorité. Dans le cadre de cette étude, nous avons réalisé une enquête avec la volonté de comprendre ce qu'un Gabonais entend lorsqu'il dit d'une personne qu'elle a la bouche[12]. Les données récoltées passées dans le logiciel Tropes[13], nous indiquent qu'avoir la bouche est l'attitude d'une personne irrespectueuse dotée d'une grande capacité d'insultes. Toutefois, les résultats de l'enquête montrent que c'est aussi un art : l'art de discuter, de mettre à mal ses contradicteurs. Arrivé à ce niveau, nous notons que Tropes met en lien le terme "bouche" avec "régime politique" lorsqu'il analyse le corpus de base. L'analyse sémantique de "régime politique" dans Tropes à partir du corpus de base oppose "gens" à "dictature". La bouche est donc une modalité de la résistance contre la dictature. Elle apparaît comme la manifestation de la volonté du peuple.

Justement avoir la bouche s'exprime à travers cette question de T2 :

---

[12] Enquête sur l'expression avoir la bouche : https://webquest.fr/?m=67158_avoir-la-bouche.

[13] Tropes:Analyse sémantique des textes. https://www.tropes.fr/.

« *On s'assoit, on regarde. Si on ouvre la bouche pour dire que : Nous sommes soit en démocratie soit en dictature ? Il y a un qui te menace* »[14].

L'univers de la bouche, c'est l'univers de la démocratie dans lequel on défend ses intérêts par la bouche et non par les armes ou par la menace des armes. Remarquons aussi l'injonction paradoxale, la double contrainte dans laquelle se trouve le peuple gabonais qui ne sait plus dans quel régime politique il se trouve. S'il vote, on le tue. S'il ne vote pas, on le tue. Au point où le Gabonais ne sait plus exactement sur quel pied danser. C'est à devenir schizophrène pour ne pas dire insolent.

3. Mettre la pression

Avoir la bouche s'illustre dans les geôles de la gendarmerie du Gros bouquet lorsque les prisonniers mettent ce que T2 appelle *la pression*. Selon T2, les gendarmes ont "*vu la pression*". Ils ont pareillement subi la pression. La pression est une modalité de la résistance enregistrée dans la prison de Gros bouquet. Elle se caractérise par une montée de la colère, par une indignation progressive. Face à la pression, les gendarmes cèdent et accèdent à la volonté du peuple. À la prison, il y a une première

---

[14] "Sommes-nous en démocratie ou en dictature ?".

personne qui décède de faim et de déficit de soin. Un épileptique. Sa mort entraîne un début de colère. Puis il y a une femme qui perd son fœtus. Enfin, il y a une autre qui est en train de mourir. Devant l'indifférence des gendarmes, le peuple emprisonné obtient en faisant pression que l'on s'occupe d'elle. Il obtient jusqu'à même le repas. « *On ne sait pas par miracle ils ont décidé de nous donner à manger ce jour-là* »[15].

4. S'organiser

Dans les geôles de la prison de Gros bouquet naît une nouvelle forme d'organisation sociale basée sur le principe de solidarité. Le peuple s'organise sur la valeur du partage et donc de la redistribution des ressources. En prison émerge une communauté de vie qui fait prendre conscience que l'on est embarqué dans le même navire, dans la même vie et que l'on doit donner un sens à l'*être ensemble*. Dans un contexte de privation, le peuple s'organise. Son organisation s'appelle la solidarité : « *une gorgée tous, chacun* ». « *Les gens ne mangent pas. Quand un parent t'amène quelque chose, tellement la prison c'est la solidarité, c'est une gorgée tous, chacun. Chacun a mouillé la gorge* »[16].

---

[15] T2.
[16] T2.

En questionnant le mot solidarité sur Synonymo[17], nous avons une certaine idée de ce que cela signifie : interdépendance, réciprocité, contribution, coopération, partenariat, coentreprise, cohésion, fraternité, esprit de corps… Nous en arrivons à comprendre ce que ces mots veulent dire pour un Gabonais : la concorde. La solidarité est donc la concorde : ce mode d'organisation projeté dans l'hymne national[18] du Gabon et qui encourage l'ardeur. En prison, les prisonniers apprennent à vivre selon le modèle de société auquel ils sont conviés pour vivre la félicité. Ils sont conviés à une communauté solidaire en vue du bien commun. Cette communauté, c'est la république. C'est-à-dire, *« une communauté d'hommes prenant conscience de sa réalité spécifique et de leur solidarité à travers la communauté de son histoire, de ses intérêts et de ses projets comme la chose de tous ses membres, comme l'affaire de tous »* (Polin, 1997 : 20). Le Gabon est une république. C'est-à-dire l'affaire de tous relativement au peuple. Et non le patrimoine d'une certaine famille…

---

[17] Synonymo. Dictionnaire des synonymes en ligne. http://www.synonymo.fr/.

[18] La concorde : « Unis dans la concorde et la fraternité, éveille toi Gabon, une aurore se lève encourage l'ardeur qui vibre et nous soulève. C'est enfin notre essor vers la félicité ».

5. Préserver les valeurs

La solidarité demeure un mode d'organisation sous-tendu par des valeurs. Les valeurs naissent de la façon de voir les choses et de s'organiser en fonction. En république, la somme des valeurs de droit qui régissent *l'être ensemble* s'appelle la constitution. Elle organise par les valeurs *l'être ensemble* pour le *bien commun* et garantit le respect de ces valeurs adoptées par tous pour tous. L'assaut du 31 août 2016 montre une perte des valeurs ou l'adoption de valeurs qui subordonnent la volonté générale à l'intérêt singulier d'un homme dont la résonance onomastique rappelle le règne d'un système improductif, malsain pour le Gabon. Résister c'est donc préserver les valeurs ou fonder son action sur des valeurs. Relativement au bien commun, la valeur est ce que l'on valorise, l'élément culturel, le moyen comportemental et mental que l'on adopte dans l'optique d'atteindre les fins que l'on s'assigne dans le vivre ensemble. Résister c'est donc préserver les valeurs ou en adopter. Les valeurs principales qui ressortent et pour lesquelles le peuple résiste dans le cadre de l'assaut du 31 août 2016 et dans le cadre du témoignage qui en découle consistent en la préservation de la vie ainsi que du respect de la dignité humaine.

C'est cette volonté de préserver la vie qui amène les prisonniers à mettre la pression aux gendarmes. C'est cette même volonté qui fait agir T4 dans l'impératif de maintenir Kondé en vie. Le respect de la vie, comme valeur, s'illustre dans l'attitude qui guide T1 au début l'attaque :

> Tout d'un coup, l'hélicoptère arrive. Balance l'acide. Quand il balance l'acide, tous les jeunes s'éparpillent. J'ai même vu un jeune qui est arrivé au portail avec l'acide sur lui. Sa peau bouillonnait comme si on l'avait versé de l'eau chaude. Sa peau bout de partout. Les abcès sortent jusqu'aux yeux. Il est tombé devant moi. Je ne sais pas s'il est mort ou s'il vit. C'est là où j'ai pris le courage de fermer le portail. Plus personne ne sort. Plus personne ne rentre. Parce que là ce n'est plus bon. On doit protéger ceux qui sont à l'intérieur[19].

Face à la mort qui arrive, il faut prendre courage, limiter les dégâts et préserver la vie. On doit protéger la vie. Telle est la valeur qui fonde l'action et justifie la résistance contre l'oppression et la banalité du mal.

---

[19] T1.

Résister, c'est lutter contre la dérive criminelle, contre la banalisation du mal avec son corollaire de dépravation de mœurs. C'est pourquoi la résistance naît de la morale, d'une relation aux mœurs. Et les mœurs qui préservent la vie dictent la propension à la résistance contre un pouvoir devenu assassin, *étatiquement* terroriste. Résister c'est se faire chantre de la vie. Aussi, on peut le dire, « *la résistance au pouvoir n'est pas uniquement politique. Elle a pour objectif la vie et sa préservation, et non pas seulement la défense des modes de vie ; elle veut surtout la défense de la vie* » (Castelo Branco, 2013 : 118).

VII. Passage du témoin

1. Les hommes : victimes de la barbarie

L'analyse des témoignages sur l'attaque du 31 août 2016 montre que les hommes demeurent la cible principale de la barbarie meurtrière.

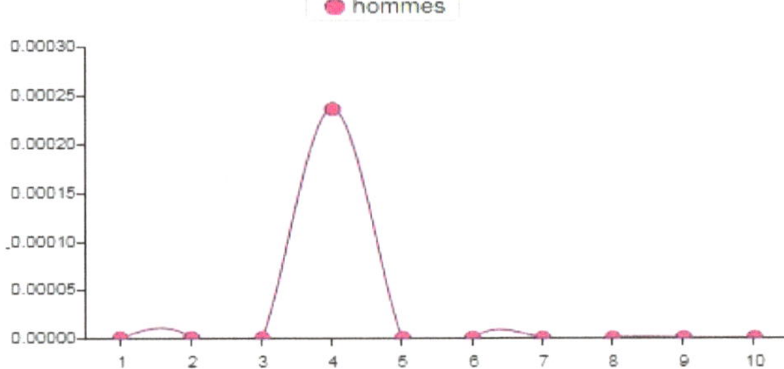

Les hommes perdent progressivement leur rôle parce qu'ils sont tués dans tous les sens du terme, moralement et physiquement. Au-delà, c'est la cellule parentale même qui est atteinte.

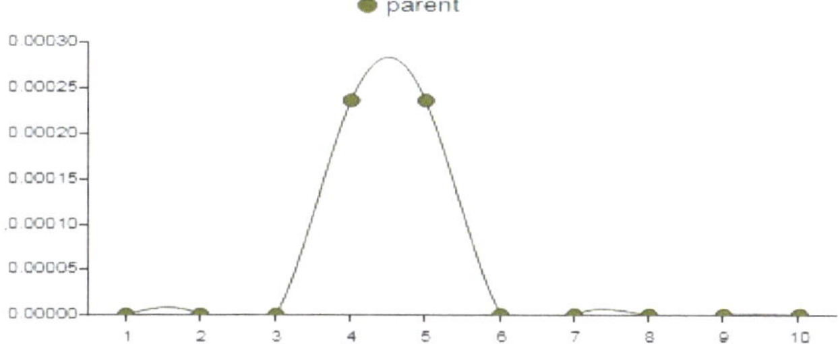

Parmi les hommes, on observe que ce sont les jeunes qui sont le plus touchés comme si l'on voulait attenter à la racine même de la vie, comme si l'on voulait priver le Gabon de son avenir.

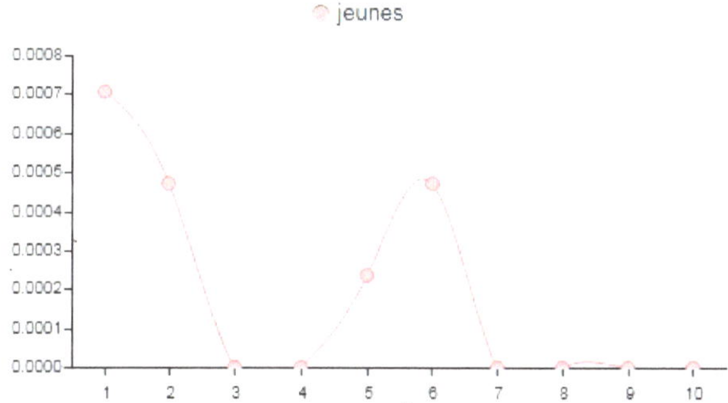

Contre cette volonté menaçant l'avenir du Gabon, on comprend qu'un sursaut de courage demeure nécessaire pour lutter contre.

2. *Les enfants : la résistance même*

D'après les diagrammes ci-dessous, seul le courage vient à bout de la mort. Ce courage est l'énergie des enfants. C'est aussi la dynamique de la résistance. Les enfants sont ainsi la résistance contre la mort et contre une politique qui s'en fait le gage. Plus il y a des enfants, plus la mort baisse.

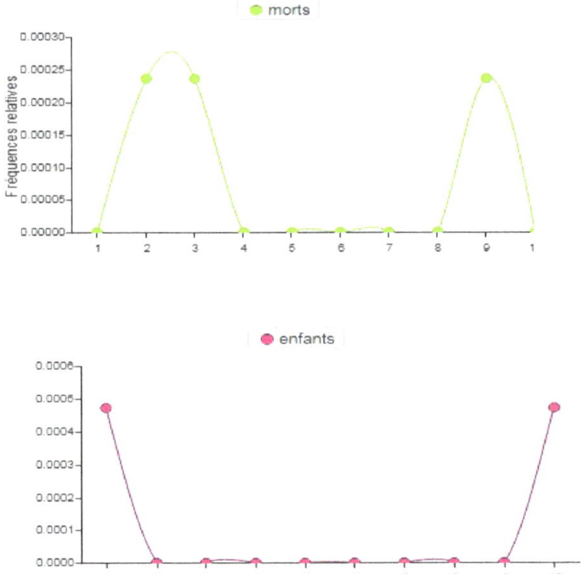

Parce que les enfants sont la résistance même, le Gabon a plus que jamais besoin de ses femmes. Car d'elles part la résistance contre la mort pour la préservation de la vie.

3. *Le sursaut des femmes*

D'abord atteintes, on note un sursaut de la part des femmes. C'est une sorte de renaissance qui transmet le courage aux enfants afin de lutter contre la mort, contre la disparition de la patrie.

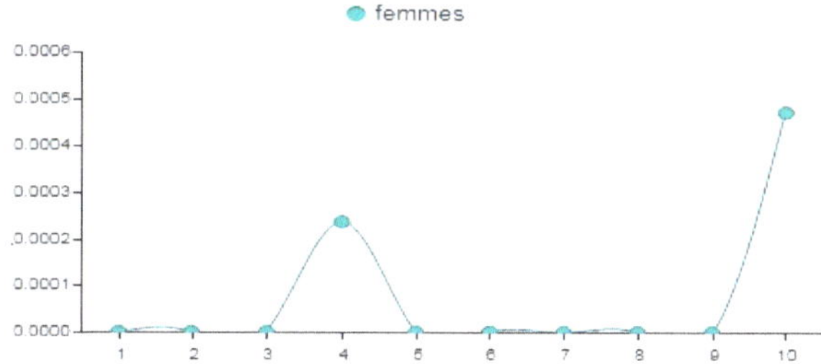

Les hommes sont les victimes d'un système qui les tue. Ils s'effacent progressivement de la scène. Ce qui a une incidence sur la cellule familiale. Cette volonté de détruire la cellule familiale occasionne le développement de la famille monoparentale. Ceci a pour corollaire la responsabilisation sociale de la femme. Les femmes ont reçu le témoin afin de poursuivre l'œuvre et de transmettre aux enfants le projet de leurs pères. L'expression « les femmes et les enfants d'abord » lors de la mise en œuvre d'un plan de sauvetage trouve ici sa pertinence. Il faut sauver les femmes et les enfants. Ils ont la mission de préserver la vie et de maintenir la continuité de la nation. La maternité allaitante, le sceau de la république gabonaise, n'a jamais aussi bien trouvé son sens et son illustration que dans ce qui se dit là même.

4. *La continuité de la nation gabonaise*

La nation gabonaise doit survivre à chaque génération. Face à un État devenu criminel et n'ayant aucun projet, n'ayant plus rien à proposer, la jeunesse a à s'armer de courage. Les femmes ont le rôle de leur transmettre les valeurs nécessaires à la préservation de la vie, indispensable au renouvellement des générations et à la continuité de la nation gabonaise. Gabon d'abord. Le comprendre c'est comprendre qu'une famille, une ethnie, une province ne causeront jamais la perte du Gabon. Le Gabon seul est indispensable. Non un nom. Non une famille. Non un parti. Non une province.

5. *Le développement du capital humain*

Chaque génération apporte la promesse du renouveau et du changement. Ce changement s'invite et s'opère à tous les niveaux. Le témoignage porte la résistance. Il transmet le témoin aux femmes en direction de la jeunesse en ces termes :

Faut pas baisser les bras. Je vous demande seulement d'avoir beaucoup de courage. Parce que si vous restez assises à la maison, nous, on a besoin de femmes. On a besoin de femmes pour continuer à lutter. Si vous restez à la maison, vous allez enterrer le projet de Simon. Mais si vous vous levez, vous allez continuer le combat de Simon. Surtout pour son neveu ou pour son fils.
Il n'a pas hésité d'aller donner sa vie.

Aux jeunes, la situation de crise dans laquelle se trouve le Gabon les invite à s'armer de courage, à prendre de la hauteur, à isoler le mal, à protéger la vie et à sécuriser leurs ressources. Ils ont à lutter contre l'éparpillement, l'isolation, la division, la perte des ressources, la suppression de la vie et contre l'intrusion des corps étrangers qui apportent mort ainsi que désolation comme décrit ci-dessous :

Tout d'un coup, l'hélicoptère arrive. Balance l'acide. Quand il balance l'acide, tous les jeunes s'éparpillent. J'ai même vu un jeune qui est arrivé au portail avec l'acide sur lui. Sa peau bouillonnait comme si on l'avait versé de l'eau chaude. Sa peau bout de partout. Les abcès sortent jusqu'aux yeux. Il est tombé devant moi. Je ne sais pas s'il est mort ou s'il vit[20].

« *Je ne sais pas* », « *je ne connais même pas* »[21] manifestation de l'ignorance orientent vers une politique mettant au centre de l'action le développement du capital humain. Les jeunes sont l'avenir du Gabon. Ils ont à recevoir les moyens indispensables à l'édification du Gabon nouveau. Aussi l'éducation, la formation, l'apprentissage et l'enseignement, tout ce qui concourt à la connaissance, au savoir-faire et au savoir être demeureront la priorité pour la félicité.

---

[20] T1
[21] T2.

VIII. Vers la félicité

Pour finir, disons que la félicité est la conséquence du projet de société que les Gabonais ont à mettre en œuvre[22]. Elle trouve sa préfiguration dans les témoignages. Notamment dans l'attitude des jeunes au début de la soirée bien avant l'assaut :
« Les jeunes étaient en train, à la route, d'animer. Ils ont fait un petit feu où tous étaient contents. Ils dansaient, ils chantaient »[23]. *« Au début, les jeunes étaient en train de faire un feu de bois en face… Ils étaient en train de danser »*[24].
La félicité est cet état de joie collective conséquence de la présence du feu qui représente la culture, la connaissance et la prospérité. La félicité est aussi un effet de la danse expression du savoir-faire, du savoir être, de la concorde, de l'accomplissement, de l'insouciance et du bien-être. La félicité est un état de bonheur initial rompu par le surgissement de la catastrophe.

---

[22] La concorde : "Unis dans la concorde et la fraternité, éveille toi Gabon, une aurore se lève encourage l'ardeur qui vibre et nous soulève. C'est enfin notre essor vers la félicité".
[23] T1.
[24] T2.

La rupture de la félicité a entraîné peine, humiliation et injustice. Elle introduit le règne de la résistance, ce temps de conquête pour la restauration de la félicité manifestée par le respect de la dignité humaine, l'union, le travail et la justice.

Témoigner, c'est résister pour la félicité. C'est semble-t-il le sens du témoignage des victimes de l'assaut du 31 août 2016. Ce témoignage parle du temps de la tuerie qui englobe le temps de la nuit. Le témoin rend compte de ce temps par le relais sensoriel. Son corps est ainsi le centre de perception. *« Sa présence au monde est celle d'une corporéité en action »* (Breton, 2014 : 21). Celle-ci indique que le corps est un filtre sémantique (Breton, 2007 : 45). Il valorise, donne la valeur et oriente. *« Chaque sens fournit d'après son caractère spécifique des renseignements caractéristiques pour la construction de l'existence collective »* (Breton, 2007 : 47).

La perception est avènement du sens. L'avènement d'un projet individuel et collectif. Le relais sensoriel des corps dans la mise en interprétation du réel comme témoignage, insiste là où il y a problème et là où il y a solution, dévalorisation, valorisation. Les témoignages filtrent le réel, s'arrêtent sur des jeunes dansants contents autour d'un feu. Ils s'arrêtent pareillement sur un autre fermant le portail pour protéger le monde à l'abri. Les témoignages insistent sur les actes de cette femme veillant sur Kondé tentant de le maintenir en vie. Les sens tamisent le réel et captent cette image d'un monde solidaire engagé dans une même galère mettant la pression pour préserver la vie. Comme si l'on voulait dégager un projet de société, montrer ce qui tient à cœur et orienter vers un possible meilleur. De par le relais sémantique, ceux qui témoignent lancent comme un appel :

« Voici, nous n'avons pas choisi d'être là, mais nous sommes là ensemble sur une terre que nous avons à cultiver. Tout le monde peut y trouver sa place et y être content. Nous n'avons qu'à développer les valeurs nécessaires à l'*être-ensemble* pour le bien commun : la solidarité, la protection de la vie, la transmission des projets…

Luttons contre la mort, la disparition, la division, la dépravation, le meurtre érigé en système politique, la subordination de la nation à tout ce qui l'humilie. La félicité existe. C'est elle que nous voulons. Nous pouvons la vivre. Il suffit de consentir qu'un président protège le peuple, qu'une armée défend le peuple, qu'une police maintient l'ordre, que les politiques alternent au pouvoir, que les hommes de lois demeurent justes et ne légitiment pas au plus haut point le crime, que le peuple construit l'édifice commun par l'éducation, la formation et le travail. Aussi lutter, résister contre ce qui va à l'encontre de la volonté de félicité de génération en génération, jusqu'à réalisation de l'aspiration commune unis dans la concorde et la fraternité. Pour la félicité, résister, témoigner, condamner à jamais un événement semblable à l'assaut du 31 août 2016. Refuser de le tolérer. Absolument. Évidemment. Gabon d'abord ».

IX. Corpus de base : le récit des témoins

Nous avons ici quatre témoignages. Ils nous servent de corpus de base. Ils sont transcrits puis codifiés de la façon suivante : T1, T2, T3, T4. C'est l'ordre de leur apparition ici.

1. *Témoignage T1 : la voix dort, le cri des armes*

> Tout a commencé à vingt-quatre heures lorsqu'on a reçu des bombes lacrymogènes et des coups de fusils. Pour commencer, c'était normalement… Ils avaient fait une barrière où les jeunes étaient en train, à la route, d'animer[25]. Ils ont fait un petit feu où tous étaient contents. Ils dansaient, ils chantaient. Il y a eu un bon nombre de policiers qui sont arrivés. Ils ont fait toute une barrière. Ils n'ont pas d'abord tiré parce qu'il faisait 20 heures, 21 heures, 22 heures par là. Ils ne tiraient pas. C'était tranquille. Les jeunes ont continué à danser. La population continuait à augmenter[26].

---

[25] Mettre de l'ambiance. Créer une ambiance joyeuse.

[26] La population regagnait le lieu et son nombre augmentait progressivement.

Puisqu'ils ont vu qu'il y avait la police. Tout d'un coup, l'hélicoptère arrive. Balance l'acide. Quand il balance l'acide, tous les jeunes s'éparpillent. J'ai même vu un jeune qui est arrivé au portail avec l'acide sur lui. Sa peau bouillonnait comme si on l'avait versé de l'eau chaude. Sa peau bout de partout. Les abcès sortent jusqu'aux yeux. Il est tombé devant moi. Je ne sais pas s'il est mort ou s'il vit. C'est là où j'ai pris le courage de fermer le portail. Plus personne ne sort. Plus personne ne rentre. Parce que là ce n'est plus bon. On doit protéger ceux qui sont à l'intérieur. À peine je ferme le portail, c'est là que les bombes lacrymogènes commencent. Tout le monde s'éparpille. Moi-même je me trouve en haut. J'entends les coups de fusils [*ta tata, ta tata, ta tata, ta… ta.*]. J'entends derrière moi des cris. Quelqu'un qui hurle. Tu sens qu'il a mal. Il a tellement mal qu'il ne peut même pas s'arrêter de hurler. Et il y a un autre coup qui le supprime directement pour que la voix dort, pour qu'il ne crie plus. J'ai perdu six… Trois de mes frères et trois de mes collègues de travail. Toute la soirée jusqu'à aujourd'hui je ne les ai jamais revus. J'ai croisé leurs parents. Là où on les a séquestrés qui venait souvent demander les corps de leurs enfants, ou si leurs enfants étaient là. On leur disait toujours que y a personne. Ils ne sont pas ici. Ils ne sont pas ici. Quand j'arrive au niveau de la porte centrale, ça insiste. Donc, ils balancent maintenant les bombes jusque dans la terrasse où tout le monde s'éparpille, cherche à rentrer dans la maison. En tant que membre de la sécurité, il y a déjà beaucoup de gens qui sont rentrés. Je ferme la porte. Je verrouille tout. Ils continuent à balancer les bombes lacrymogènes. Tous ceux qui étaient à la terrasse, je sais pas s'ils vivent ou s'ils sont morts. On a passé toute la nuit de 24 heures jusqu'à 5 heures, nous étions dans l'immeuble secoué de partout de l'extérieur. Y avait des cris d'armes… Que quand ça tombe à la terrasse, tout le monde tremble. Y a des cris de partout. Y a quelqu'un qui crie en bas. Tu entends comment quelqu'un cri. Après tout d'un coup, il y a un grand silence, la personne ne crie plus. Au petit matin, vers les six, on pensait que tout était déjà fini. On peut déjà sortir pour rentrer chez nous. Mais ce n'était pas encore arrivé. Ils ont défoncé la porte centrale. Où depuis l'extérieur en tirant avec les balles… Les balles ont traversé la baie vitrée… Touchées, certaines personnes sont allongées. Il y a un petit espace sur les marches d'escaliers. Depuis le haut, tu vois les gens sont en train de patiner, de marcher sur leur propre sang, en train de crier. Ces personnes jusqu'à aujourd'hui, je ne les ai pas vues. Le matin, quand on nous fait sortir de l'immeuble, on nous met à genoux. Devant la porte centrale, il y avait deux cadavres devant la porte, ils n'avaient pas vu juste en face en descendant de l'autre côté, il y a un petit truc comme un jardin comme ça. Il y a deux cadavres là. Je ne sais pas s'ils ne les avaient pas vus. Ou bien ils ont fait exprès. Toutes les voitures qui étaient là ont été cassées…

2. *Témoignage (T2) : L'odeur du sang, le travail, la solidarité*

Au début, les jeunes étaient en train de faire un feu de bois en face… Ils étaient en train de danser. Il y avait des gens, [neuf personnes cagoulées habillées en noir, comme la gendarmerie]. Ils étaient en face au milieu de la route. Qu'est-ce qu'ils faisaient ? Ils étaient en train [de garer] leurs voitures. Il y avait des chars de guerre. Ils sont venus avec trois chars. Ils ont posé les chars comme ça… Maintenant qu'est-ce qui se passe ? On entend : *boum* ! On s'est dit que c'était une bombe lacrymogène. Les autres criaient maintenant de partout : "Ils sont là, ils arrivent !" Qu'est-ce qui se passe ? Ils commencent à tirer des balles, pas de balles [blanches], mais de vraies balles sur les gens : "*Tou tou tou tou !* Les jeunes aussi, on prenait des pierres, on jetait au niveau de leur côté. Après, ils sont rentrés dans le bâtiment. Ils sont restés à tirer, tirer. Moi, j'étais au niveau du quatrième étage et nous, on regardait avec les autres leaders. On voyait comment ça se passait. Quand vous allumiez la lumière de votre téléphone, ils tirent. Donc quand ils tiraient parfois, ça traversait même le mûr et ça frappait sur d'autres… D'autres mourraient parce que moi, j'ai eu à attraper trois morts comme ça… Les gens que je ne connais même pas… Ici là, partout, là où je vous parle, ça sentait le sang de l'être humain. Je disais : "merde, le sang, sent fort ! Il y avait beaucoup de gens qui pataugeaient sur le sang. Et après, aux environs de minuit, qu'est-ce qu'ils ont fait ? On s'est tous enfermé chacun presque dans une salle. Parce que moi, j'étais au quatrième étage. J'étais, à la gauche, là où il y avait l'ascenseur, moi j'étais là-bas. Il y avait aussi des infiltrés[27] aussi à l'intérieur, qui étaient en train de rire… Faire du bruit afin qu'on puisse entendre… Ils allumaient les téléphones et tout… Et consorts… Il y avait même des papa qui pleuraient, d'autres chiaient sur eux, d'autres faisaient miction sur place. Moi, je suis quitté, je suis allé au niveau de la baie vitrée de la fenêtre. Les gars, ils

---

[27] La cinquième colonne.

visaient le bâtiment. Ils tiraient sur le bâtiment. Et il y a eu quatre voitures. Les voitures qu'on conduit là… Les noirs… Comme les Mercedes. On se disait… C'était les mercenaires qui sont venus. Bon après… Quand on se dit que : "C'est le président qui est venu ![28]… Ils font comment ? Les gens qui sortent[29], ils tirent… Quand ils tirent, ils prennent un corps, ils mettent à côté, pour venir ramasser après. Au niveau du QG où il y avait des salles d'attente, où il y avait le dj, derrière. Vous remarquez, il y a une voiture où les gens rentrent, montent vers l'ambassade de Guinée. Qu'est-ce qu'il fait ? Il y a de sortes de grilles en bas. Les gars font quoi ? Les gars ils avaient des radars qui voyaient dans l'obscurité. Ils criaient : "Sortez là ! Sortez ! Personne ne sortait. Ils tiraient. Ils tiraient. Quand ils tirent, ils prennent le corps, ils mettent à côté. À chaque fois qu'ils prenaient le corps, ils mettaient à côté. Ils ont commencé à casser les voitures parce qu'on dirait qu'ils

---

[28] La présence de Néron.
[29] Des voitures.

cherchaient les procès-verbaux d'abord. Ils ont commencé à casser les voitures de partout. Ils ont pris des massettes. Parce que, lorsqu'on est en étage… Il y a cette espèce de miroir blanc vers le bas… Là… À l'intérieur on peut bien voir la vue[30]. Les gars étaient comme ça… Ils tiraient… Tiraient… Ils tiraient sur les murs. En tirant sur les murs, d'autres étaient au niveau de l'ambassade de Guinée, ils attendaient. À chaque fois qu'il y avait quelqu'un, il y a une personne dans la zone dehors… Qui marche. Ils font fuir la personne. Ils se mettent à tirer la personne vers la zone d'Okala. Après, il y a une voiture comme l'ambulance qui est venue. Elle a pris les corps. Ils sont partis. Ils se sont mis à nettoyer la route. Ils arrosaient la route. Ils nettoyaient la route. Après aux environs de six heures… Ils sont venus comme ça au niveau de la terrasse. Ils sont venus. Ils sont montés maintenant. Et quand ils sont montés, ils ont cassé les murs avec les pieds. Ils ont dit : "Si vous ne sortez pas on va vous tuer. Sortez

---

[30] La vue est dégagée.

vite. Je ne veux pas me répéter. On est tous sorti mains sur la tête. On est sorti, on est sorti, on est sorti… En descendant… Nous ont mis à genoux. Quand ils nous ont mis à genoux qu'est-ce qu'on fait ? Ils ont pris nos noms. Ils nous ont mis dans des camions. Ils se mettaient à insulter les gens : "**Parce que vous votez un chinois** et tout… Voilà, nous aussi, on vote aussi pour nous… **On fait notre travail**". Le travail, c'est quoi ? C'est de faire le sale boulot. C'est de tirer sur des Gabonais… Et ils nous ont amenés. Et arrivés à Gros Bouquet, on était une affaire de presque deux milles si j'estime. On était une affaire de deux milles comme ça entassés. Il y a deux cars qui sont venus. Ils sont venus avec deux cars. Ils ont pris les femmes. Elles étaient pleins[31] ! Elles ont rempli les cars avec quelques hommes. Ils ont pris encore d'autres cars et ils sont partis. Ils disaient partir à la Documentation, au CEDOC. Les gens ne dorment pas. Les gens ne mangent pas. Quand un parent t'amène quelque chose, tellement la

----

[31] Nombreuses.

prison c'est la solidarité, c'est une gorgée tous chacun. Chacun a mouillé la gorge. Ils ont vu que… Il y a un qui est mort, un épileptique qui est mort parce qu'il mourrait de faim. Le gendarme, moi je reconnais bien le visage, je peux le décrire, parce que moi, je vais faire [...] la chasse aux sorcières à ces gens-là. Dieu seul m'entend parler. On dit à ces gens : Mais mesdames, il y a quelqu'un qui est en train de mourir. Oh ! Non… : "Ce n'est pas de notre faute. On s'en fout. C'est ça quoi ! Est-ce que c'est mon parent ?". Il est en train de convulser. La mousse est en train de sortir de la bouche. Ils ont emmené. Le corps est revenu sans vie. Il est mort. Ils ont vu une pression[32]. Il y a une fille dans la cellule. On dit qu'elle est en train de mourir. Elle est en train de mourir, elle est en train de mourir… Oh ! Non… : "on s'en fout. Et puis quoi ? Machin… Il y a celle qui a perdu… La femme enceinte qui a perdu son enfant… Son fœtus. Et il y a la fille, moins-uns[33], on l'a

---

[32] Ils ont senti monter la pression, un début de révolte...

[33] *In extremis… In extremis* on la perdait. Elle mourait...

soulevé. Ils l'ont amené. Ils ont subi cette pression[34]… On ne sait pas par miracle ils ont décidé de nous donner à manger ce jour-là. On est censé sortir ce jour-là même aussi. J'appelle mes parents pour dire que : "Venez me chercher. Genre : nous sommes en train de sortir". La nuit est en train de tomber. On dit : "- Nous, on veut sortir. Est-ce que… On a fait quoi ? - Machin… Machin… Non, vous ne sortez pas. **Parce que vous avez voté Ping"**. On s'assoit, on regarde. Si on ouvre la bouche pour dire que : "Nous sommes soit en démocratie soit en dictature ?[35], il y a un qui te menace. Le chef lui-même, parmi les chefs, il y a un, il est bien mince ! Noir ! Vilain ! Il commence à crier. Il dit : "Celui qui parle, ose dire un mot, placé… Il perd sa vie". Ce sont ce genre de menaces que l'on avait : "Il perd sa vie ! Même les pères de famille… Vous vous rendez compte… des jeunes qui menacent, insultent… Mais, ils vous demandent de

---

[34] Subir la pression : Faire face de manière inquiétante à la colère qui monte...

[35] "Sommes-nous en démocratie ou en dictature ?".

faire quelque chose, vous ne faites pas, ils prennent leur longue *boot* là, avec leurs pieds, ils vous giflent ça au visage… C'était ces sévices qu'on avait à chaque fois. Vous vous rendez-compte… C'était ça… Ils nous disent : "Vous avez voté Ping. Vous voulez nous envoyer des chinois ?

3. *Témoignage (T3) : fermer les oreilles, serrer le cœur*

On a commencé à distribuer les sandwichs aux jeunes. 21 heures, 22 heures, 23 heures. 23 h 30, on a commencé à entendre du bruit de *boom, boom…* De canons… On s'est dit, ils étaient certainement venus sur la route pour disperser les foules avec les gaz lacrymogènes et tout… Moi, j'étais dans la cour. Le QG c'est un immeuble à cinq étages avec une grande cour. Et la cour était pleine. Franchement, il y avait foule. Et en regardant dehors, je commence à voir les jeunes sauter la barrière pour tomber de l'autre côté. [...] Quand même… Ça ne va pas… Et de là, certains ont commencé à entrer dans l'immeuble. Moi aussi, je suis revenue dans l'immeuble. Je suis passée au premier étage… Qui était rempli déjà… Je reviens… Parce que y a des jeunes, des gens qui ont été touchés pendant la journée qu'on a ramené au premier niveau, au premier étage, dans une grande salle qui étaient blessés et tout… Certains, on les a emmenés à la clinique Chambrier et d'autres étaient encore là. Donc au premier étage tout était miné[36]. C'était plein. Je suis montée au deuxième aussi pareil. Dans les couloirs, dans les salles, dans les bureaux, c'était plein. Mais on a réussi à trouver… J'ai réussi à trouver une salle où il y avait une personne à peu près dans une… C'était une cuisine au niveau du deuxième étage. Donc je me suis retrouvée là avec Annie Léa, avec un de mes neveux et trois autres personnes. On s'est enfermé avec un truc à la porte. On s'est enfermé dans la cuisine. Et là, on a dû fermer les oreilles parce qu'il y a d'autres qui ont voulu cogner, qui ont voulu qu'on leur

---

[36] Occupé.

ouvre… Vraiment on a serré le cœur. On a fermé les oreilles, on pas pût ouvert la personne. On savait que le couloir était plein, que les autres salles étaient pleines, que partout, les gens cherchaient refuges. Et à 23 h 30, on a commencé vraiment à entendre l'hélicoptère qui tirait dans l'immeuble, les coups de fusils, les cris de gens qu'on tuait, et… Donc, on s'est mis au sol, à l'abri parce que la porte était semi-vitrée, y avait aussi une baie vitrée à la cuisine. On s'est mis derrière le frigidaire. On s'est mis au sol pour se cacher, en se disant bon… Ça va se terminer c'est pas possible… On ne va pas nous massacrer… Ils ne vont pas tuer les gens… De 23 h 30 à 5 heures du matin. Ça n'a pas arrêté. On a tout entendu… On a… Vraiment je vous dis, j'étais au deuxième. Mais j'ai tout… Tout entendu : les cris des gens, les gens qu'on massacrait, les filles qu'on violait, et… On a tout entendu… À un moment, je… [souffle sur le micro]…J'ai prié… On a crié… On a prié… On a supplié Dieu… Ça s'arrête… On a pensé que… Comme le camp militaire français n'était pas loin… C'est à [minute…] à vol d'oiseau, hein… Que les Français pouvaient intervenir pour arrêter le massacre. J'ai même entendu vers deux heures du matin, un français : une voix de blanc… Le français dire : "on est là pour vous sécuriser. Arrêtez, arrêtez, arrêtez de courir… On est là pour vous sécuriser. Mais je saurai plus tard que c'était l'instructeur français de la présidence qui disait ça… Mais en fait c'était pour tuer les gens. C'était pour les canaliser, pour les tuer. Ça, moi, moi, je l'ai su plus tard. Heu… Le petit matin… Vers le… Quand ils ont commencé. On a démonté nos téléphones. Mais j'ai quand même eu le temps d'appeler les gens pour dire : "Voilà ce qui se passe. On est train de nous tuer. Qu'est-ce que vous faites ? Est-ce que vous pouvez alerter…". Et ensuite on a démonté les téléphones. Vers cinq heures du matin… Là on a commencé à entendre, enfin… Pas vers 5 heures du matin, mais les bruits vers 3, 4 heures du matin dans l'immeuble. Ils avaient défoncé la porte d'entrée et ils entraient maintenant dans… Dans les bureaux. Là on a su plus tard. Mais parce que nous, on entendait que les bruits. On ne savait pas ce qui se passait. On savait qu'ils tuaient les gens. De temps en temps on entendait les noms de Nzibi… De temps en temps on entendait… Quand il y avait de prises… Donc ils criaient les noms… On a entendu quand ils ont pris Nzibi… On a entendu… Il y a un moment ils ont… cassé une voiture. On a l'impression que c'était la voiture de Ngoulakia… Ils ont dit : "Voilà la voiture de Ngoulakia !". Voilà… Ils cherchaient aussi Franck Ping… En tout cas il y avait des noms… On entendait, bref… Et donc vers 5, 7 heures du matin… Quand on savait qu'ils cassaient les portes… Qu'ils rentraient… Et qu'ils prenaient les gens qui étaient dans les bureaux, qui étaient enfermés… On a remis nos téléphones. Et bizarrement… À ce moment-là… Un moment… Il y a un numéro de téléphone de France qui m'appelle. Et je réponds et je dis : "[voix basse] Ils sont là. Ils vont nous tuer. Ils sont là !". Plus tard, j'ai su que c'était, heu… Gloria

Minka qui voulait prendre de mes nouvelles, qui voulait savoir ce qui se passait. Et elle aussi a compris qu'il y avait quelque chose de pas normal qui se passait. Et heu… vers 8 heures ils sont arrivés devant notre porte. Ils ont cassé la vitre. Ils ont introduit une arme en disant : " [Doigts mimant l'arme et le geste] On va tirer. Vous ouvrez ou on tire". On dit là on ne peut pas ouvrir. On a, on n'a pas… Comme ils avaient tapé dans la porte, le loquet qu'on avait fermé, ne pouvait plus s'ouvrir. On leur dit : "On n'arrive pas à ouvrir". Il dit : "On va tirer ! Si vous n'ouvrez pas on tire". Y avait un neveu avec moi qui a donné des coups de pieds à la porte. Eux aussi, ont donné des coups de pied. Ils sont rentrés. Le sol était jonché de ver hein… Donc il dit : "Couchez-vous. Vous allez vous coucher !". Et puis : "Debout ! Vous allez nous dire où se trouve le sous-sol ici. **Vous avez les armes**. Y a un sous-sol ici… Où se trouve le sous-sol ici ?" On n'a pas… On ne sait pas… On vient ici. On fait campagne. Mais on ne sait pas où se trouve le sous-sol. On n'a pas d'armes. "Si si. Vous avez des armes". Et là ça commencé la bastonnade… Et comme je porte des lunettes… Ils m'ont dit de retirer les lunettes parce qu'ils vont vraiment nous bastonner. Donc j'ai retiré mes lunettes. Bon… Enfin… Gifles… Ils pleuvaient… Des coups de pied. Il dit, oui, il faut qu'on avoue qu'on a des armes. Il faut qu'on avoue où se trouve le sous-sol. Il faut qu'on leur montre le sous-sol parce qu'on a des armes. On n'a pas d'armes. Ils n'ont pas voulu savoir. Donc… Ils nous ont menacés de couper les doigts… Moi de mettre la bombe lacrymogène dans la bouche. Au point où j'en étais je leur ai dit : "Ben allez-y" Comme je suis asthmatique je savais que s'il le faisait, j'étais morte. J'ai dit : "Ben, allez-y - Ah bon, vous êtes malade, vous venez ici, heu… On va vous faire payer ça. Vous voulez faire partir Ali Bongo. Ali Bongo reste, vous n'allez… Allez… Vous allez sortir". Avec coups de pied aux fesses et tout… Et là, c'étaient des Gabonais. Parce qu'on… Beaucoup disent… Oui, y a des étrangers qui sont venus tuer…

C'est peut-être vrai. Il y a certainement des étrangers. Mais y a aussi des Gabonais qui ont fait ça au Gabonais. Il faut qu'on le dise aussi et qu'on le reconnaisse. Donc on est sorti. Et… "Non. Il faut remonter !" Parce qu'y avait une salle… "à côté de votre endroit là, y a des armes". Donc, on remonte. Donc il y avait un débarras [hem… Côté de la cuisine]. Ils ont cassé la porte du débarras. Qu'est-ce qu'ils ont trouvé dans la… Dans le débarras ? Des *Rangers*… Un truc de sécurité, basique… Avec des matraques. Pour eux c'était des armes. Donc on a des armes. Il faut que moi… [Rire ironique] En tout cas moi, je ne sais pas… J'avais peut-être ce jour-là une tête à claques… Il fallait que je porte. Parce que c'était moi la responsable. Il fallait que je porte. J'avais des armes… Voilà… C'était pour déstabiliser le Gabon… Heu… On ne peut pas nous faire confiance. Ce sont de gens comme ça qui veulent déstabiliser le pays… Donc… "Portez vos armes !" Donc je prends les *Rangers* et machin pour qu'on descende [mime] On trouve là une foule… Donc tous les gens qu'ils n'ont pas pu tuer. Parce que… En fait… Le genre de personnes qu'ils ont tué… Enlevé… Ça, c'est essentiellement passé la nuit. Et puis les équipes aussi ont changé. Ça, on l'apprendra après… Que les équipes ont changé… Que l'escadron de la nuit, c'était pas les mêmes qui sont venus dans la journée au petit matin. Et que les gens de la nuit… fait… On doit la vie sauve, pour ceux qui étaient dans l'immeuble au fait qu'ils ramassaient les corps… Au fait qu'ils ramassaient les douilles… Et ça, ça prend du temps. Et le jour s'est levé. Ils ont changé les équipes et il fallait faire propre… Fallait que… On dise que y'avait rien eu… Que machin… Mais ce qu'ils n'ont pas pu faire c'est effacer les impacts de balles parce qu'Ali Bongo là, du coup il n'a pas pu trouver une gomme pour effacer les impacts de balles qui se trouvent dans l'immeuble de… De Jean Ping. Et du coup […]

4. *Témoignage (T4) : Konde et Bogota, morts pour le Gabon*

Kondé est arrivé à l'intérieur du QG dans les environs de 22h. Il a été porté par Bogota[37] et son frère. Bogota, c'est le premier cadavre qu'on a enregistré pendant les émeutes. Lui, il a reçu les balles à la poitrine. Mais il ne savait pas. Lui aussi, il est décédé. C'est lui qui portait Simon. Simon n'a pas reçu une balle au pied. Mais c'est en montant, lorsqu'on a tiré dehors, en escaladant, il s'est fracturé le pied. Lorsqu'il est arrivé, j'ai crié : "Mon frère, c'est comment ton pied ? Tu sais que même si on t'amène à l'hôpital, on ne pourra plus récupérer ton pied. Il a dit :"Oui ma soeur". J'ai dit : "C'est comment mon ami ?". Il m'a dit : " Non, c'est pour le pays. Au moins, mon enfant saura que si je meurs, son père ne sera pas mort pour rien". Et Bogota a dit : "Oui. On a fait tout ça pour notre famille, pour nos neveux et pour nos enfants. C'est pour le pays". Simon est resté dans la salle toute la nuit. A trois

---

[37] Oyono Bogota Bernard (Sir).

heures, je me suis levée, j'ai vu Simon, demandé même : "Tu as mal ?". Il me dit : "Seulement au pied. Mais je perds beaucoup le sang". Je lui dis: "Supporte ! Le matin on va t'emmener à l'hôpital". Le matin, on a emmené Simon dans le camion de la gendarmerie. On a fait tout ce qu'on pouvait faire. Tout ce que j'avais sur moi, c'était... Le matin, j'ai donné à Simon l'eau avec le sucre pour qu'il essaye de remonter. Il est arrivé... Il était habillé. J'ai déshabillé Simon pour qu'il essaye de prendre l'air, pour qu'il ne s'étouffe pas. Et le matin, je lui ai donné mon foulard pour qu'il se couvre parce qu'il avait déjà froid. Dans le camion, je n'avais plus rien. Avant de monter dans le camion, j'ai donné à Simon un verre de Fanta. Simon me l'a arraché des mains pour boire ça lui-même. Il a bu et il a fini. Et là, j'ai demandé aux gendarmes de se dépêcher, qu'on l'emmène vite à l'hôpital [...]. J'ai seulement dit : "Mon ami ne pars pas. Tu as supporté toute la nuit. Tu vas arrivé à l'hôpital". Et quand nous sommes arrivés à l'hôpital, j'ai pu placé quand même Simon la perfusion.

[...] Simon n'a plus fait cinq minutes. Il est parti. Mais ce que je retiens c'est que, Simon même lorsqu'il partait, il était fier. Il était fier parce que... il ne l'a pas fait pour rien. Et quand je viens, j'apprends que vous êtes des enfants adoptifs, vous avez dit que vous n'êtes même pas d'origine gabonaise. Mais il n'a pas vu cette nationalité là. Il n'a pas vu cette différence. Il s'est donné pour le pays qui l'a accueilli. Faut pas baisser les bras. Faut pas baisser les bras. Je vous demande seulement d'avoir beaucoup de courage. Parce que si vous restez assises à la maison, nous on a besoin de femmes. On a besoin de femmes pour continuer à lutter. Si vous restez à la maison, vous allez enterrer le projet de Simon. Mais si vous vous levez, vous allez continuer le combat de Simon. Surtout pour son neveu ou pour son fils. Il n'a pas hésité d'aller donner sa vie.

Bibliographie

1. Corpus de base

T1 : "Un rescapé de l'attaque du QG de Jean-Ping témoigne", Youtube, Marcel Djabioh, 18 septembre 2016,
https://www.youtube.com/watch?v=pllqcVoBTu4.
T2 : "Gabon : témoignage d'un rescapé de l'attaque du QG de Jean Ping", Youtube, Marcel Djabioh, 19 septembre 2016,
https://www.youtube.com/watch?v=L6gkICrIMso.
T3 : "Témoignage d'une rescapée de l'assaut du QG de Jean Ping", Youtube, Ressono, 04 janvier 2017,
https://www.youtube.com/watch?v=lNu53Icvy6w.
T4 : "Gabon : la vérité n'a pas de tombe", Youtube, Franck Jocktane, 07 octobre 2016,
https://www.youtube.com/watch?v=ulBVnQotwsk&list=PL-2cH1tR-ZKmip30dD2DWzmgzuLk8j108&index=89.

2. Ouvrages

Dewey J. 2011, *La formation des valeurs*, Paris, éditions la découverte, pour la traduction française, 238 pages.
Dewey J. 2015 (1915), *Le public et ses problèmes*, Paris, Gallimard, 338 pages.
Levi P. 2000 (1995), *Le devoir de mémoire*, traduit de l'italien par Joël Gayraud, Editions de mille et une nuits, 94 pages.
Levi P. 1989 (1986), *Les naufragés et les rescapés. Quarante ans après Auschwitz*, traduit de l'italien par André Maugé, Editions Gallimard, 209 pages.
Polin R. 1997, *La République. Entre démocratie sociale et démocratie aristocratique*, Paris, Puf, 330 pages.

3. Articles

Aterianus-Owanga, A. & Debain, M. (2016). « Demain, un jour nouveau ? » Un renversement électoral confisqué au Gabon. *Politique africaine*, 144(4), 157-179.
Castelo Branco, G. (2013). État et crime. Extermination, intimidation, exclusion. *Rue Descartes*, 77(1), 112-120.
Coquio, C. (2003). L'émergence d'une « littérature » de non-écrivains : les témoignages de catastrophes historiques. *Revue d'histoire littéraire de la France*, vol. 103(2), 343-363.

Le Breton, D. (2007). Pour une anthropologie des sens. *VST - Vie sociale et traitements*, 96(4), 45-53.

Le Breton, D. (2014). Le corps entre significations et informations. *Hermès, La Revue*, 68(1), 21-30.

Pirlot, B. (2007). Après la catastrophe : mémoire, transmission et vérité dans les témoignages de rescapés des camps de concentration et d'extermination nazis. *Civilisations*, 56-1(1), 21-41.

Renault, M. (2012). Dire ce à quoi nous tenons et en prendre soin. John Dewey, *La formation des valeurs*, Paris, La Découverte, coll. « Les empêcheurs de penser en rond », 2011, 238 p. *Revue Française de Socio-Économie*, 9(1), 247-253.

4. *Vidéos*

"Gabon crise post-électorale 2016", Youtube, Archive d'Afrique, 13 mars 2018, https://www.youtube.com/watch?v=998daJuqMKY.

"Conférence de press du Mogabo", Youtube, Gabon dailynews, 2 août 2017, https://www.youtube.com/watch?v=Q_Z-hd_9XvM.

Table des matières

Résumé 7

I. Contexte et intérêt du sujet.................................9

   1. Événement dateur 9

   2. Construction d'une mémoire collective....................11

II. Cadre théorique..12

III. Méthodologie..15

IV. Temps de la tuerie..19

   1. Perception visuelle..19

   2. Relais des sens 21

V. Témoignage intégral..24

   1. Contre témoignage 24

   2. Témoignage absolu 26

   3. Don du sang 28

VI. Modalités de la résistance................................33

   1. Prendre la direction des choses 34

   2. Avoir la bouche 34

   3. Mettre la pression..36

4. S'organiser 37

5. Préserver les valeurs 39

VII. Passage du témoin 42

1. Les hommes : victimes de la barbarie 42

2. Les enfants : la résistance même 44

3. Le sursaut des femmes 45

5. Le développement du capital humain 46

VIII. Vers la félicité 49

IX. Corpus de base : le récit des témoins 53

1.   *Témoignage T1 : la voix dort, le cri des armes* 53

2.   *Témoignage (T2) : L'odeur du sang, le travail, la solidarité* 57

3.   *Témoignage (T3) : fermer les oreilles, serrer le cœur* 64

4.   *Témoignage (T4) : Konde et Bogota, morts pour le Gabon* 73

Bibliographie 76

1. Corpus de base 76

2. Ouvrages 77

3. Articles 77

4. Vidéos 78